I0341842

www.ingramcontent.com/pod-product-compliance
Lightning Source LLC
Chambersburg PA
CBHW051607010526
44119CB00056B/810
9781068856297

زنی که شعر شد

- صدف مدرس -

Barmakids Press

Barmakids Press, Toronto, Canada
www.Barmakids.com
info@Barmakids.com

Copyright © by Barmakids Press
Paperback ISBN: 978-1-0688562-9-7

All rights reserved. No part of this book may be reproduced, stored in a retrieval system, or transmitted in any form or by any means – electronic, mechanical, photocopying, and recording, or otherwise – without the prior written permission of the author or the publisher, except for brief passages quoted by a reviewer in a newspaper or magazine. To perform any of the above is an infringement of copyright law.

Poet: Sadaf Mudares
Publication Year: 2025
First Edition

شناسه کتاب

نام کتاب: زنی که شعر شد

شاعر: صدف مدرس

ناشر: انتشارات برمکیان

سال چاپ: ۲۰۲۵ میلادی

Barmakids Press

فهرست

مقدمه ۱

گم‌شده ٤

یقین ٥

خانه‌ی رویا ٦

خاموشی ۸

دست‌های باران ۱۰

بال‌های کاغذی ۱۲

شهر مرجان‌ها ١٤

کتاب شب ۱٦

انتظار ۱۸

شب بی‌پایان ۲۰

دانه‌های واژه ۲۲

شعله‌ی بیدار ۲٤

زن در سرزمین ما ۲٦

زمزمه‌ی سرخ ۲۹

بر فراز بام شب ۳۱

گلِ مهربانی ۳۳

باران دلتنگی ۳٥

در میانه‌ی دلتنگی ۳۷

ساعت‌های بی‌پایان ۳۹

همزاد تاریکی	٤١
در آرزوی شکفتن	٤٢
دل ویرانه	٤٤
آرزوها	٤٥

مقدمه

صدف مدرس زادۀ شهر مزارشریف است، دختری از قلب شمال افغانستان، با ریشه‌هایی در خاک روشن و کوه‌های رازآلود بدخشان. واژه‌ها از همان سال‌های نخستین جوانی، رفیق تنهایی‌هایش شدند؛ بی‌آن‌که آگاه باشد، آرام‌آرام او را با خود بردند به جهانی دیگر، جهانی که در آن، صداهای خاموش‌شده دوباره شنیده می‌شوند، و اشک‌های پنهان، مجال گفتن می‌یابند.

نوشتن را نه با قصد ورود به جهان ادبیات، بلکه برای نجات درونی خود آغاز کرد؛ برای بیدار ماندن در دل خاموشی‌ها و برای آن‌که فراموش نکند که چه کسی است و از کجا آمده. در واژه‌ها، رد پای زنی دیده می‌شود که با همۀ شکست‌ها، هنوز ایستاده است؛ زنی که در تنگنای سنت، مهاجرت، سکوت و جامعه، صدا می‌جوید و خودش را از نو تعریف می‌کند.

در روزگار دانشجویی در دانشگاه بلخ، با انجمن‌های ادبی، حلقه‌های شعرخوانی و نشست‌های فرهنگی آشنا شد. در همان فضاها بود که نخستین بار دل‌نوشته‌هایش را با دیگران شریک ساخت؛ واژه‌هایی ساده، اما صادقانه، که از تجربه‌های زیستی زن

افغانستانی روایت می‌کردند، زنانی که در میان رنج و تبعید، عشق و امید، با سکوت و صبوری زندگی می‌کنند و از درون، جهانی پُر از فریاد و رویا دارند.

شعر برای او در قید و بند قالب و قاعده نیست. بیشتر از آن‌که به فرم و تکنیک شعر پای‌بند باشد، به صداقت حس و عمیق بودن تجربه باور دارد. واژه‌هایش گاه نجواهای درونی‌اند، گاه فریادهایی خفه‌شده، و گاهی پژواکی از رویاهای زنی که خودش را در آیینهٔ شعر بازمی‌جوید.

در کنار نوشتن، نقاشی نیز برایش زبان دیگری‌ست؛ زبانی بی‌واژه، اما سرشار از احساس. تصویرهایی که می‌کشد، اغلب زنانی بی‌چهره‌اند، اما با نگاهی که هزاران راز ناگفته در دل دارد. سکوت تابلوهایش، امتداد همان شعرهایی‌اند که نگفته مانده‌اند.

مجموعهٔ شعری حاضر با عنوان «زنی که شعر شد»، نخستین اثر مکتوب و رسمی اوست. این کتاب، حاصل سال‌ها زیستن در مرزهای ناواضح وطن و مهاجرت، بودن و نبودن، ریشه داشتن و در باد ماندن است. در این مجموعه، بازتابی از خاطراتش، دردها و امیدها، لحظه‌های زن‌بودن، و زخم‌ها و لبخندهایی را می‌توان یافت که در سکوت روزگار به شعر بدل شده‌اند.

اکنون که در ایالات متحدهٔ امریکا اقامت دارد، هنوز با واژه‌ها زندگی می‌کند، و همچنان باور دارد که صدای زن افغانستانی، زنی

که با همهٔ نادیده‌انگاری‌ها و محدودیت‌ها، هنوز شعر می‌گوید، هنوز نقاشی می‌کند، و هنوز رویا می‌بیند، می‌تواند از ورای فاصله‌ها عبور کند و شنیده شود.

این مجموعه، نه تنها حدیث نفس یک زن شاعر است، بلکه تلاشی‌ست برای ثبت صداهایی که معمولاً به حاشیه رانده می‌شوند. باشد که این واژه‌ها، دریچه‌ای باشد به جهان درونی زن افغانستانی؛ زنی که دیگر تنها موضوع شعر نیست، بلکه خود، عین شعر است.

(انتشارات برمکیان)

گم‌شده

شب پرده‌یی ز جنس دل تنگ آدم است
تاریکی‌اش شکست پر از تلخیِ جم است

ما ذرّه‌های گم‌شده بردوش گِردباد
از درد خویش هرچه بگوییم هم کم است

بی‌پاسخ است پرسش ما بر رخ جهان
از دیدن مشقت ما چشم شان خم است

از دید خود مقابل آیینه خون شدیم
گویی همیشه قسمت ما درد و ماتم است

در هرنفس، نفس به نفس درد می‌کشیم
از بسکه در فضای وطن هرطرف سم است

یقین

در هیچ‌جا صدای دل ما نمی‌رسد
گویا نفس ز سینه خدایا نمی‌رسد

برف است و باد و دربه‌دری در تمام شهر
یک تن به داد این‌همه تنها نمی‌رسد

خالی‌ست دست‌های دل مردم از یقین
کس بر جواب پرسش ماها نمی‌رسد

در گردش زمان و زمانه عبور ما
در هیچ‌سو به غیر دریغا نمی‌رسد

در کوچه‌های یخ‌زده از ظلم ناکسان
احوال ما به دیده‌ی دنیا نمی‌رسد

خانه‌ی رویا

آنگاه که جهان
چشم از روشنی می‌پوشد
و صدا چون مرغکی بی‌بال
در تاریکی شب گم می‌شود
من به رویاهایم پناه می‌برم
رویاهایی بی‌نیاز از لبخند
بی‌نسبت با اشک
که مرا بی‌هیچ پرسشی
در آغوش می‌کشند
در آن‌سوی خواب‌ها
کسی نمی‌خواهد مرا بسازد
نه باید باشم
نه باید نباشم
فقط می‌توانم خودم باشم
زنی گاه خسته
گاه خندان

اما همیشه چون رودی در جریان
رویا خانه‌ای‌ست بی‌در
با پنجره‌هایی رو به نور
رو به عبور
و هر بار که
از تپش‌های بی‌امانِ واقعیت می‌گریزم
رویا سرزمینی‌ست که هنوز
بی‌قضاوت مرا می‌پذیرد

خاموشی

در دل زمستان
زنی چون درختی خاموش ایستاده
و به شاخه‌های برهنه‌اش نگاه می‌کند
شاخه‌هایی که با هر بادی
بی‌کلام می‌رقصند
در هر برگ آن
قصه‌ای هست که گفته نمی‌شود
اما در دل زمین
جایی برای ماندن یافته است
ریشه‌هایش
در تاریکی گم شده‌اند
و هیچ‌کس نمی‌داند
کی دوباره خواهد رویید
کی جوانه‌ای تازه از دل سکوتش خواهد شکفت
با این‌همه
او هنوز ایستاده

نه دل‌خوش به رویش
نه در انتظار مهربانی بهار و باران
فقط مانده
به امید فصلی که هیچ‌کس
زمانِ آمدنش را نمی‌داند

دست‌های باران

زیر بارانی که صدایی ندارد
زنی ایستاده است
بی آنکه پناهی بخواهد
بی‌آنکه دیده شود
دست‌هایش
پر از خاطراتی‌ست ناتمام
چشمانش پُر از سوال‌هایی
که سال‌هاست جوابی نگرفته‌اند

او هر روز
به آسمان نگاه می‌کند
اما دیگر نمی‌پرسد
که چرا باران نمی‌بارد
چرا چیزی تغییر نمی‌کند
چشمانش
دیگر از اشک نمی‌بارند
اما دلش

در حسرت باراني‌ست که بیاید
و آرام
همه‌ی دردهای بی‌صدای دلش را بشوید
او می‌داند
که آن باران
هیچ‌وقت نمی‌رسد
اما هنوز
همچنان منتظر است

بال‌های کاغذی

بال‌های کاغذی‌ام را
با رنگ خواب‌های روشن نقاشی کردم
و از سکوت بلند بی‌کران به پرواز درآمدم
آنجا که
ابرها بالش‌های از پرنیان بودند
و پرنده‌ها ترانه‌هایی می‌خواندند
که در هیچ کتابی نیامده بود
خورشید
از پشتِ کوه‌های بلورین
برایم دست تکان می‌داد
و من چون بادی بی‌آغاز و بی‌پایان
در هوای نیامده می‌رقصیدم
در آن پرواز
زمین دیگر کوچک نبود
فقط دور شده بود
آن‌قدر که اندوهی از آن نمی‌رسید

و آن‌جا فقط من بودم
و آبیِ بی‌انتها
با دلی که برای نخستین‌بار
از رهایی سرشار شده بود

شهر مرجان‌ها

در عمق دریای نقره‌ای
شهری خاموشی نفس می‌کشد
شهری که ماهی‌ها با نگاهشان
به هم سخن می‌گویند
و کسی نمی‌داند که چگونه
صدایشان را در دل آب می‌شنوی
آنجا که خانه‌ها از مرجان ساخته شده‌اند
و پنجره‌ها به سمت آب‌های بی‌پایان باز می‌شوند
اختاپوس‌ها نقاش‌اند
با جوهر خیال خود
روی صخره‌ها می‌نویسند
شعرهایی را که تنها آب می‌فهمد
و من با مویی شناور
در میان انبوه رنگ‌ها
بی‌آن‌که راه را بشناسم
در بی‌وزنی خیال آزاد می‌گردم

آنجا در ژرفای دریا
زمان خمیازه می‌کشد
و همه‌چیز آن‌قدر آرام است
که حتی دل‌تنگی نیز خوابیده است

کتاب شب

شب کتابی‌ست گشوده
که ستاره‌ها، واژه‌های خاموش آن‌اند
هرکدام راز کوچکی‌ست
که آسمان در دلِ خود زمزمه می‌کند
در سکوت شب آوازهایی نهفته است
که هرگز نوشته نمی‌شوند
فقط با گوشِ دل
می‌توان آن‌ها شنید
ماه فانوسِ پیرِ قصه‌گوست
که با چشمانی نیمه‌بسته
صفحه‌به‌صفحه
خاطراتِ نور را مرور می‌کند
هر بار که قصه‌ای به پایان می‌رسد
ستاره‌ای آرام خاموش می‌شود
و کسی

داستانش را برای همیشه فراموش می‌کند
اما تو اگر با دلی روشن
از خواب بگذری
خواهی شنید که آسمان
هنوز در سکوت خود
به آن قصه‌ها دل بسته است

انتظار

کنار خیابان‌های عشق
جایی میان افسانه و انتظار
با تمنای بی‌انتها سرودی می‌خوانم
برای روزهایی که
در پنهان‌ترین گوشه‌های دلم نفس می‌کشند
برای روزهای که
در آغوش گذشته‌های فرسوده
چون تابلوی کهنه در آلبوم روزگار
هنوز گرمای خاطره‌های گم شده را دارند

چه بگویم
دلم خانه‌ی یادهای توست
که در سکوت روشن آن
دیوار به دیوار نقش قدم‌های تو حک شده است
خانه‌ی که
هر پنجره‌اش رو به تو باز می‌شود

و هر گوشه‌اش یادی از لبخند تو را دارد
در این آشیانه
هر بار خاطره‌ای را که به یادت
از عمق شب بیرون می‌کشم
دلم به تپشی عاشقانه می‌افتد
چنان‌که گویی دوباره و صدهزارباره
صدایت در این خانه پیچیده است
و بیرون از این سرا
در هرکجایی که قدم برمی‌دارم
برای دیدنت
برای شنیدن دوباره‌ی نامت
پر از دعا می‌شوم
اما تو در آن‌سو
در سایه‌ی رویاها و ناپیدا
در دوردست‌ها ایستاده‌ای
و این‌سو دلم
با تمام خستگی
هنوز جست‌وجوی تو را
از یاد نبرده است

شب بی‌پایان

در این شب ته‌مانده در سیاهی و سردی
از کجا شروع کنم
از صدای چک‌چک اشک آسمان؟
یا از هجوم برفی که با هیاهو
بر گور آرزوهایم پای‌کوبی می‌کند؟
از کجا بگویم؟
ای عشقِ دوردست!
از تو
از تسلسل تزویر و تنهایی
از درد دوری شعر و شرف
از زخمی که با نامِ بی‌وطنی
در دلم جامانده است؟
آه نمی‌دانم از چه بگویم!
دل بازی‌گوش و دیوانه‌ام
یارای تحمل این‌همه ویرانی را ندارد
من از تکدر این شب تاریک می‌ترسم

من از هجوم این‌همه سرما و برف می‌ترسم
من از غروب دل و دوری از عشق می‌رنجم
من از خودم چون سایه‌ای بی‌پناه
دور افتاده‌ام
در مغاکِ فراموشی و فروریختن
مرا دریابید!
ای دست‌های مهربان!
مرا رها کنید از بند این ضلالت منفور
و از شکنجه‌ی تنهایی و تاریکی
خدا، خدا!
کسی صدای مرا نمی‌شنود، ای وای!
در میانه‌ی این‌همه تلخی و تنهایی
شاید، در شکسته‌ترین آیینه‌ها
تصویرِ کسی هنوز
برای نجاتِ من بازتابی داشته باشد
کاش دستانی از دل مهربانی برخیزد
و مرا از این شب بی‌پایان عبور دهد

دانه‌های واژه

برخی شعر را می‌سرایند
برخی آتش می‌زنندش
بی‌درنگ
تا خاکستر شود
اما من شعرهایم را با آب شستم
سپردمشان به رگ‌های زمین
تا آرام در دل خاک فرو روند
دانه شوند
سبز شوند
و از واژه‌ها درختی بروید
پرشکوفه و پربار
نخواستم
شعرم دود شود
و آسمان را مه‌آلود کند
خواستم
کلمه به کلمه‌اش گل شود

سبزه شود
خوش‌بو شود
محوِ طبیعت گردد
و در نهایت
آرام گیرد در خاک

شعله‌ی بیدار

در دل شب‌های بی‌انتها
ستاره‌ها آرام بر بام تاریکی می‌لغزند
و باد، آواز غریبی در خیابان‌ها سر می‌دهد
دردی ناگهانی بر شانه‌ی دل من می‌نشیند
پنجره‌ای نیمه‌باز، چراغی کم‌سو
نوری نحیف
از دل تاریکی می‌تراود
و دختری با چشمانی به رنگ دریا
در کنج آن پنجره ایستاده است
در دستش نقشی از امید و عشق
بر بام سکوت، خاطره‌ها را نقش می‌کشد
نگاهش که بر من می‌تابد
تمام رنج‌هایم به خواب می‌روند
و من، در گذر چون رویا
به دنیایی دیگر پا می‌گذارم
جایی که هرچیز

نغمه‌ای از خوبی و نشاط است
اما فاصله، همان‌قدر کوچک و ناپیمودنی‌ست که
تنها یاد روزهای روشنی که در کنار او بودم را
برایم باقی مانده است
روزهایی که ناممکن، ممکن می‌نمود
اکنون هرچه هست دوری‌ست و دلتنگی
با این‌همه هنوز در تاریکی شب
نگاهم را به آسمان می‌دوزم
و در دل امیدِ بامداد را روشن می‌دارم
نامش شعله‌یی‌ست
که در خانه‌ی دلم هرگز خاموش نمی‌شود
زیرا نام او نوری‌ست
که به جنگ تاریکی برخاسته است

زن در سرزمین ما

من زنم
با رنگین‌کمانی از راز و درد
با قامتی از شکیبایی و شکوه
من زنم
در سرزمین ما
زن بودن شهامتی سرشار می‌خواهد
که در دل طوفان بمانی
بی‌آن‌که شکسته شوی
زن که باشی از درد می‌هراسی
از دوری، از سکوت، از تنهایی
اما این‌همه را با لبخندی خاموش
در دل رنج‌آلود خود قاب می‌کنی
در سرزمین ما
زن که باشی پروازت را به بند می‌کشند
و سزاوار درد می‌دانندت
آوازت در گلو خاموش می‌ماند

گیسوانت را در چادری از هراس می‌پیچند
و نام این اسارت را «نجابت» می‌گذارند
زن بودن، در سرزمین ما دریادلی می‌خواهد
زن که باشی، زندگی‌ات در مشت دیگران است
و آرزوهایت در قفس رویا می‌ماند
آه زن بودن دردی‌ست بی‌کلام!
تحملی‌ست گاه به رنگ زجر
و ترسی‌ست که هر شب با تو هم‌آغوش است
زن که باشی، عشقت رنگ می‌گیرد
بر بومی که درد را نقش می‌زنند
و شعرهایت از زخمی کهنه سخن می‌گویند
زخمی به ژرفای یک تاریخ از درد و دریغ
در سرزمین ما
زن که باشی
پشت پنجره نمی‌توانی ایستاد
جز شب‌ها که پرده‌ها را می‌فهمند
و مهتاب، تنهایی‌ات را در آغوش می‌گیرد
شب که بیاید
خواب از چشمانت کوچ می‌کند

و هر ثانیه، ساعتی می‌شود
و هر ساعت، سالی
آه زن بودن در سرزمین ما!
چه قلبی بزرگ می‌خواهد
که برای دیگران تمام شوی
و دوباره از میان خاکستر
ققنوس‌وار پر بکشی

زمزمه‌ی سرخ

روزی
بی‌آن‌که قصه‌ای در دل باشد
نگاهم را به سمت آسمان دوختم
آسمانی که روزی پناهم بود
اما این‌بار
دوستش نداشتم
نه از برای آمدنِ ابری تیره
نه به‌خاطر دوری
بلکه چیزی در درونم
مثل پرنده‌ای خاموش
در خود فرو ریخت
و آن آبیِ بی‌انتها
که روزگاری چون آغوشی نرم
بر من می‌تابید
اکنون سرد و بی‌پناه‌تر از همیشه
در آن سکوتِ تلخ

به رنگ دیگر
به رنگ سرخ
بی‌خبر از پنجه‌های شب پدیدار گشت
نه در زد
نه فریادی کشید
تنها آمد
نشستِ در خلوتِ
و زمزمه کرد:
»از پرواز دیگر نشانی نمانده است
اما اگر خواستی
می‌توانی در آتش آرام بگیری«

بر فراز بام شب

زنی نشسته است که باد
موهایش را ورق می‌زند
و ماه در انگشت کوچکش
چون انگشتری خاموش می‌درخشد
او قصه‌ها را
از لابه‌لای ستاره‌گان
آرام‌آرام برمی‌چیند
و در خیالات خود شب را
با سوزنِ سکوت
جامه‌ای برای زمین می‌دوزد
دلش تنگ است
نه برای کسی
برای نغمه‌ای
که دیگر از لبانش فرو نمی‌چکد
او زنی‌ست که سال‌ها
خود را

در آیینه‌ی ماه ندیده
و هر شب پیش از آن که نوری
از دل ستاره‌ای بچکد
در سایه‌ای بی‌نام
خودش را پنهان می‌کند

گلِ مهربانی

در کنار درختان باغ زمستان‌زده
گلی به نام تو کاشتم
و هربار تا نسیم مهربانی یادِ تو می‌وزد
به حرمت گرمای لبخندت
زمستان بهار می‌گردد
نگاه کن دلم درختی‌ست که
در زمین روشن دستان تو بار و برگ می‌بندد
و هر شکوفه‌ی آن شکوه نام تو را بار می‌گیرد
ای مهربانِ بهاراندود!
تنها تویی
که در هوای تگرگ و بارانی
با چتر مهربانی
دلم را، این پرنده‌ی باران‌زده و غم‌گین را
از هجوم این‌همه غم‌ها می‌پوشانی
ترا با بهار چه نسبتی
که نقش ترا به رخ دارد

تو کیستی که
با تو خزان بهار و زمستان بهار می‌گردد

باران دلتنگی

گویی دل‌گرفتگی و تاریکی آسمان
امروز با سنگینی نفس‌های من هم‌صداست
و دلم زیر فشار این دل‌تنگی بی‌انجام
در میانه‌ی سکوت غمناک
خفه می‌شود
ابرهای سیاه
همچون پرده‌ای از درد و اندوه
بر جهان جانم سایه افکنده‌اند
و باران، با قطراتی سرد و مداوم
گویی اشک‌های بی‌وقفه‌ی آسمان را بر زمین
می‌بارد
صدای رعد و برق
چون نغمه‌ای تلخ و پربغض
در گوش روانم می‌پیچد
و دلِ من، در این طوفان بی‌امان
خسته و ناتوان از تحمل این درد است

ای اشک‌های من!
چرا بی‌وقفه و دانه دانه
بر گونه‌های بی‌پناهم فرو می‌ریزی؟
اندکی آرام بگیر ای اشک‌های من!
تا شاید جانم از بند این‌همه رنج رها شود
دل تنگم
دل‌تنگ‌تر از تمام دل‌تنگ‌های جهان
که حتی نمی‌توانمش بازگفت
چه بگویم!
بی‌آنکه سرودی بر جا بگذارد
او چون سایه‌ای گذرا
در مه غبارآلودِ زمان گم شد
من اما ایستاده‌ام
با دلِ خسته که هنوز
به جستجوی نوری در تاریکی‌ست
و نمی‌دانم او را کجا باید جست

در میانه‌ی دلتنگی

در میانه‌ی این‌همه دلتنگی و دوری
دخترکی در سینه‌ام
آواز می‌خواند:
ای بغض بی‌امان!
ای اشک‌های بارانی و داغ!
که بر گونه‌هایم
دانه دانه می‌چکی
دمی بیارام
بگذار هوایی در گلو تازه کنم
چه بخوانم برای خود از نبودنت
ای دور مانده از خویش!
که بی‌حضور تو
چه دل‌تنگیِ بی‌پایانی
در هوای شعر من جاری‌ست
بی‌تو چه کنم؟
ای دور مانده از من!

قرار تنها با تو در من حضور می‌گیرد

ساعت‌های بی‌پایان

زندگی گاهی آدم را به جایی می‌نشاند
که حتی سایه‌اش را
پنهان می‌کند از خود
جایی میان بودن و رفتن
که نه دلِ ماندن داری
نه پایِ عبور
اینجاست که سکوت در تو می‌پیچد
چون پتویی کهنه
که گرمایی نمی‌دهد
اما پناهِ تنهایی‌ات می‌شود
ساعت را
بی‌وقفه تکرار می‌کنی
و هر ثانیه باری‌ست
که بر دوشِ دلت می‌نشیند
غم را در گوشه‌ای از لحظه‌ها
پنهان می‌کنی

و دلتنگی را چون کودکی لجباز
با خود قهر می‌کنی
آن‌گاه در هیاهویِ خاموشِ درونت
خموشی چنان مجذوبت می‌شود
که هیجان را در پرنیانِ آه می‌پیچی
و گاهی چون ساعتی کهنه می‌ایستی
فقط نگاه می‌کنی
لحظه‌ها را می‌شماری
و در سکوت بی‌انتها
باتریِ بودن‌ات را
تا آخر مصرف می‌کنی

همزاد تاریکی

در این شب تاریک و آشفته
دل بی‌پناه و شکسته‌ام
در قفسِ سردِ تنهایی محکوم است
ستارگان بر بامِ شب می‌رقصند
و دلم را
به یادِ نبودن‌ها می‌سپارند
دیری‌ست که از خویشتن گریخته‌ام
و چشم‌هایم در میانِ ظلمتِ مطلق
خیره مانده‌اند به هیچ
و در بی‌تفکری از جهان خویش
هرلحظه فرومی‌ریزم
در جهان شعری که بر صفحه‌ی پایانِ آرزوها

همزادِ تاریکی و سرنوشت من است

در آرزوی شکفتن

وقتی در پرتوی زرین و بلورین خورشید
آسمان به رنگ شگرف و شگفتی درمی‌آید
در آرزوی شکفتن
پاییز را بهاری می‌بینم که طعم دلتنگی دارد
در این فصل
هر برگی که از شاخه‌ها جدا می‌شود
رازی ناگفته‌ی را در دلش پنهان دارد
و هر بار که نسیم از کوچه‌های خزان‌زده‌ی این فصل
عبور می‌کند
چمدانی از خاطره‌ها را پیش رویم می‌گشاید
وقتی روز به پایان می‌رسد
و شب در آغوش خاموشی فرو می‌رود
نگاهم در آیینه‌ی ستارگان گم می‌شود
در نگاه هر ستاره
چهره‌ی تو را می‌بینم

و یاد حضورت چون نغمه‌ای در جانم طنین می‌افکند
و با هر نفس در تپش ساز ستارگان
در عالم رویا
پاییز را بهار می‌بینم
و غنچه‌های نامت را در جهان جانم شگوفان

دل ویرانه

بیا با من که قلبم شاد گردد
دل ویرانه‌ام آباد گردد
کنار هم خوش و مسرور باشیم
که جان از بند غم آزاد گردد

آرزوها

در این شعر
خاموشانه از نبودنت فریاد می‌زنم
و آرزوهایم را
که چنان برگ‌های درختی در پاییز
در چنگ بادهای خزانی رها شده‌اند
محو
و چشم‌هایم را
که از خیال دیدنت لبریز اند
کوچ
و دلم که داغ یاد تو را
بر دوش می‌کشد
خالی خواهم کرد

برای دریافت و سفارش آنلاین این کتاب به لینک زیر مراجعه کنید.

BARMAKIDS
PRESS

www.Barmakids.com